서울詩壇 시선 267

별처럼 파도처럼

황덕기 시집

문예운동사

시인의 말

어느날 고향의 바닷가에서
파도에 씻기는 몽돌의 소리를 들었습니다.
잃어버린 유성들이 그 곳에서 빛나고 있었습니다.
그 놓치고 싶지 않은 순간들을 담아 보았습니다.
우연한 기회에 다가온 詩와의 동행이 시작되고
긴 시간 헤매이며, 멈춰서기도, 흔들리기도 했었지만
이제는 남은 시간 함께 가려고 합니다.

처음이라 모든게 낯설고, 보고 또 봐도 부족하지만
저의 진심을 발견해주신다면 그것만으로도
큰 영광이 되겠습니다

소중한 첫 발걸음을 함께해 주신
모든 분들께 진심으로 감사드립니다.

황 덕 기 배상

목차

제1부 여백에 들어서는 바람

아침 • 11
산책 • 12
하루 • 13
십리대밭 은하수길 • 14
너는 나에게 • 15
거짓 사랑 • 16
내 눈에 • 17
봄소식 • 18
꽃바람 • 19
백합 • 20
매미 • 21
치커리꽃 • 22
모내기 • 23
마른장마 • 24
대암로 • 25
산사로 가는 길 • 26
생각나요 • 27
인연 • 28
母情 • 29
꼬마 손님 • 30

● 목차

제2부 가슴 속에 나무 한 그루

역마살 • 33
바램 • 34
遷客 • 35
그림자 • 36
기다리는 마음 • 37
푸념 • 38
푸념·2 • 39
未生 • 40
희망퇴직 • 41
삶의 무게 • 42
이직 • 43
벳부 • 44
새밧돌 • 45
일출 앞에서 • 46
갯마을 • 47
바닷가에서 • 48
해무 • 49
솔밭 정원 • 50
회색빛 아침 • 51
스틱커피 • 52
흑과 백 • 53
현실 • 54
살려면...... • 55
홀로서기 • 56
현충일 • 58

제3부 뜨락에 내린 햇살

그곳에서 • 61
시간이 흘러도 • 62
영원할 줄 알았습니다 • 63
잊으리 • 64
주점에서 • 65
네가 보고 싶어지면 • 66
가버린 시간 • 67
이별 • 68
미련 • 69
미련·2 • 70
미련·3 • 71
미련·4 • 72
두절 • 73
응어리 • 74
타향살이 • 75
나의 고향은 • 76
추억이 잠든 집 • 77
지워지지 않는 아픔 • 78
그리움 • 79
어머니 • 80
아버지 • 81

목차

제4부 무채색의 물결

짝사랑 • 85
자존심 • 86
딱지 • 87
보고 싶다 • 88
또 다른 나 • 89
마음은 주는 것 • 90
네가 참 좋아 • 91
당신과 나 • 92
동백이 필 때면 • 93
바람을 붙잡고 • 94
노안 • 95
방심 • 96
살다 보면 • 97
변명 • 99
화해 • 100
약속 • 101
친구야 • 102
주전자 • 103
당신은 • 104
웃음꽃이 피어납니다 • 105

제1부
여백에 들어서는 바람

아침

새벽이슬 위로
보석 같은 햇살이 내리고

바람을 등진
풀잎이 파도처럼 재촉해도

긴 밤에 지친
하얀 달은 일어서지 못한다

아궁이를 맴돌다
겨우 올라온 실낱 같은 연기

촌로의 아침상은
성근 햇살만 가득하다

산책

영롱함을 머금은
이슬은 풀잎마다 알알이 맺히고

젖은 발걸음으로
반짝이는 태양이 부서질 때면

소매 끝을 잡고서
눈부신 미소를 피워낸 당신과

휘어진 길 끝에서
숨어 우는 새소리에 취하고 싶다

하루

이고 지고
맞닿은 서쪽 하늘
홀로 매달린 조각은

가지 끝에서
붉게 물들어 가고
미련 없다 말하지만

눈가에 담긴
이슬은 깊어가고
그림자는 사라져간다

십리대밭 은하수길

별빛이 내리는
은하수 길을 걷나 보면

흔들리는 잎새마다
반짝이는 그대의 미소가

깊어가는 밤하늘에
층층이 쌓인 소원 탑처럼
십 리 대밭 굽은 길에
이야기꽃을 피워내지만

강바람이 불어올 때면
구멍 뚫린 항아리 속으로
숨어버린 어둠을 찾아
깍지 낀 손끝으로 별을 헤아린다

너는 나에게

한 발 한 발 내디딜 때마다
허투루 걷지 않았기에

바람이 옷깃을 부여잡아도
먼 하늘 바라보며

마음속으로 가늠할
등대처럼 한 길을 걸어왔다

미련하다고 말하지 마라
오직 너만을 위한 나의 길이니

어둠이 쏟아내는
별빛을 바라보며 천천히 가리라.

거짓 사랑

너는
이별을 알고
그대뿐이라고 한 거야

그래
알고 있지만
사랑이라고 말할 수밖에

때론
거짓말도
묘약일 수 있잖아

잠깐
어쩌면 당신도
진실처럼 그럴 때 있었을 텐데

내 눈에

꽃밭에
꽃은 보이지 않고

마른 가지에
홀로 핀 장미꽃처럼

꼿꼿이 선채로
보일 듯 말 듯 미소 짓던

그 깊은 정원에서
흔들리는 당신을 보았다

봄소식

겨울은 여전히
설산을 넘어서지 못했어도

앞뜰의 동백은
찬서리 아랑곳하지 않는데

햇살 닿은 가지마다
백화 만촉 꽃물은 흐느끼고

봄이 오는 소리에
목련에도 새가 울고 있구나

꽃바람

지킬 수 있는 것도
내어줄 수도 없는 여백에서

꽃잎은 어찌 저리도
선홍빛으로 물들어 버렸을까

춤을 추고 있다
여린 바람에 몸을 맡겨가며

구름다리를 건너가듯
나비도 너처럼 춤을 추고 있다

백합

마파람이 불어
진힌 항기와 맞닿은

고운 자태가
머무르던 돌담길 사이로

환하게 웃어주던
하얀 얼굴 붉은 입술이

언제나 고왔던
엄마의 모습을 닮았구나

매미

울고 싶을 때
실컷 울어도 돼
세상을 뒤집어 놓아도 돼

오랜 기다림으로 받은
너의 세상인 것을

빈집
남겨두고 가느라
무너지는 억장만큼
크게 울어도 돼

치커리꽃

탐스럽게 핀
그대 미소가 눈부시다고

네가 물어 왔을 때
보랏빛으로 물들고 싶다 했네

투박한 텃밭에
어우러진 군무 속에서도

앙다문 너의 입술을
감싸 안은 채

너만 바라보고 있다고
속삭이고 싶었지만

연둣빛 고운 치마
자색 옷고름 차마 풀지 못해

그대 머문 빈자리
덩그러니 미소만 채우고 앉았다.

모내기

다 내어준 땅에
잘린 둥치만 남긴 채

차가운 계절을 보낸
단단했던 가슴을 뒤집어

좁은 수로를 넘어온
하늘 물로 넓은 가슴을 채우고

오고 가는 써레질 따라
백로가, 왜가리가 날아들 적에

무논에 초록 비가 내리고
개구리는 밤새 풍년을 노래한다.

마른장마

눈을 감고
기다리면 온다기에
숨소리마저 꾹꾹 눌러 재우며

흔들리는
가문비나무 곁에서
바람을 안고 두 손을 모은 채

하늘이시여!
애간장은 녹아내리고
노을에 영혼마저 타들어 갑니다

폭우처럼
쏟아붓지는 못해도
다시 뜨는 해는 거두어 가소서

대암로

연분홍 꽃다리
대암교 천변을 타고

칡넝쿨 어우러진
대암호(댐) 삼동 가는 길

뻗어 나온 숲길 따라
오가는 차량 불 밝히고

겨울을 채운 청보리밭
여름을 채운 옥수수밭

초록이 머무는 그곳에
물안개가 뽀얗게 춤을 춘다

산사로 가는 길

짙은 안개가
노송의 어깨를 어루만지고

흐드러진 낙엽이
물결처럼 실개천을 덮어도

오가지 못한 서러움에
행여 사라질까 두려워

앙상한 가지 위로
마지막 잎새가 붉게 타고 있다

생각나요

그때 그 시절
초승달 보름달 그믐달

샛별과 밤하늘만을 쳐다보며
걸어갔던 어두컴컴했던 골목길

바스락거리던 소리에도
유유히 뒤따라 왔던 그림자

어둠이 너무너무 무서워
큰소리로 내게 말했었지요

"아무것도 아니야
무서워하지 않아도 돼"

"지금은 다만 빛이 없을 뿐
낮과 똑같은 그 길이다."라고…….

인연

바람에 스치더라도
가벼이 보지 말아야 해

억겁의 찰나를
맞닿아 얽히고설키다 보면

한 줄기 빛이 되는 것을
모르는 거야 외면하는 거야

그대와 나의 우연이
뗄 수 없는 인연인 것처럼

母情 모정

모정은

씨줄 날줄로

일생을 엮다가

무명꽃처럼 떨어지더이다

꼬마 손님

보석 같은 눈망울로
뚫어져라 쳐다보다 말고

팽팽해진 고무줄처럼
곧 터질 것만 같은 너에게

또르르 똑똑 얼레니
반달 같은 입꼬리가 올라가고

주고받는 눈웃음을
파닥파닥 뒷발질로 걷어차는

살인적인 미소가
윤슬처럼 반짝반짝 빛나고 있다

제2부
가슴 속에 나무 한 그루

역마살

바람길 따라 간
당신은 또 어느 갈림길에서

이정표도 잠들은
광활한 초원을 찾아 나설까

길을 가다 보면
고갯마루가 등을 내어주고

말 없는 바람이
불어 가는 대로 따라가는 길

바램

이보시오
나를 보는 나그네어

입가에 미소 한 번
보내 주구랴

참 치열하게 살다간
넋이 예서 잠들었다고

나그네를 보는 나의 영혼이
미소를 보내고 있다오

시작도 끝도 예감할 수 없는 길
인생길 그냥 한 번 웃고 가시오

遷客

따라가도 따라가도
붙잡을 수 없는 바람이랑

허공의 계절을
채우고 싶었나 저 하늘에

길 잃은 영혼들의
침묵해 버린 아우성을 찾아

황량해진 능선에
붉은 노을은 울면서 넘는다

그림자

홀로 걸어가는 길에
소리 없이 다가온 너는
같은 곳으로 걸으며

젖은 나뭇잎처럼
달싹 붙어
앞서거니 뒤서거니 따라나선다

어둠이 내릴 때면
잠시 사라졌다가도 어느새
빛나는 거리에서 나를 찾아내고

화려한 조명으로
희미해진 달빛 아래서도
너는 나에게 말없이 다가와 있었다

기다리는 마음

언제쯤일까
커다란 문이 열릴 때마다
찻잔에 담긴 네 모습은 선명해지는데

언제쯤일까
커다란 문이 열리고
혜성처럼 나타나는 네가 보고픈데

비가 내린다
세모난 하늘 아래 네모난 우산들
하나, 둘 둥지를 찾아 떠나고 있다

나는 어디로 가야 하나
등불이 내려앉은 빈자리마다
빗물만 괴고 있는데.......

푸념

속절없는 시간을
묻어버린 세월에다
인생은 덧없다며
뱉어낸 속어들까지도
모두가 네 몫이라고
거울은 나를 보고 있다

흘러간 구름은
기다리고 있지 않기에
가슴 아픈 사연일랑
흔들리는 들국화에 묻고
희극은 바람에게
비극은 하늘에게 물어보소

쪽빛 바다를 채운
침묵은 스쳐 지나갈 뿐이오

푸념 · 2

길 잃은 철새도
아니면서

바람에 부딪힌
날개를 탓하고

길을 잃어버린
늪에 빠진 사람들처럼

미로 속에서
나침반을 찾아 헤멘다

未生미생

쇳물을 녹여서라도
제인처럼 견고한 삶을
손수 묶어주고 가려는데

산처럼 바다처럼
높고 넓은 가슴으로
한껏 안아주고 가려는데

마음속에 담겨있는
깊은 정, 깊은 뜻을 두고
뒤돌아서려니 눈물이 앞선다

두려워하지 말고
앞만 보고 걸어가야 해
뒤돌아선 이는 돌아보지 않는 거야

희망퇴직

겹겹이 친 빗장으로
가슴을 파고드는 눈물은

생살을 도려내는
고통을 말할 수가 없기에

비명으로 얼룩진
베인 상흔은 수취인이 없고

청춘을 불사른 시간은
한 줌 재도 없는 빈자리로 남았다

삶의 무게

전화가 온다
어떻게 살고 있냐고

끼니 걱정한다
세상 물정을 참 모른다

지금이 어떤 세상인데
고리타분하게 끼니 걱정하냐고

애써 외면해 보지만
등이 휠 것만 같은 서러움이 밀려온다.

이직

토닥이는 듯한
가벼운 손놀림

손끝으로 흐르는
미련의 껍데기들

발목을 잡았던
세월의 늪을 지나

깊은 흔적만 남긴 채
돌아설 수밖에 없었다

벳부

얼기설기 덮힌 숲
스멀스멀 기어오르는

하얀 여우 떼가
초록 능선을 넘어서면

하늘에 닿을 듯
곧게 뻗은 지옥문 뒤로

한글이 보인다
"여기는 벳부입니다"

새밧돌

푸른 바다를 가슴에 안고
목련 꽃처럼 피고 지더니
윤슬 속으로 잠들어 버린
바다를 채운 작은 바위섬

성난 파도에 묻힐 때면
갈매기의 큰 날갯짓처럼
비상하는 파도와 함께
열정의 탱고 춤을 추더니

파도가 달래고 간 빈자리
홀로 바다를 채우고 앉아
파랑이 내민 멍든 가슴에
그대 다시 오기만 기다린다

일출 앞에서

신기루 같은
해상 도시의 붉은 배경이

검은 사막에 부는
모래폭풍처럼 빛을 잃어갈 때

바다와 맞닿은
출렁이던 가슴으로 던져진

붉은 태양은
파도와 모래알에도 부서지더라

갯마을

멍게가 품은 바다향

성게속 알

노릇노릇한 갈치 한 접시

만선의 바다가

꽃섬들 예쁘게 띄운

네모난 세상에 가득하다

바닷가에서

몽돌을 휘돌아 가는
하얀 파도 꽃송이 곁에서
방울처럼 터지는 숨소리가

몽울몽울 피고 지는
버리지 못한 아픔인 것을
왜 알지 못했을까

그리움뿐이라며
너울을 타고 넘나들었던
수만 번의 고백은 하얗게 사라지고

끝내 삼키지 못했던
인연들은 몽돌 속에 숨긴 채
이별을 이안류처럼 끌어안았다

*이안류: 한두 시간 정도의 짧은 기간에 매우 빠른 속도로 해안에서 바다 쪽으로 흐르는 좁은 표면 해류. 밀려오는 파도와 바람이 해안에 높은 파도를 이루고, 바다로 되돌아가는 물이 소용돌이치는 현상이다.

해무

푸석해진
폐선의 뱃머리
물결처럼 밀려드는 해무가
갈매기를 불러 앉히고

해풍이 담아 온
짭조름한 바다 내음을
새하얀 치맛자락에 실어
조릿대가 춤추는 둔덕 넘어

만선을 이끌었던
갈매기들의 이야기를 전하고
연기처럼 사라져 버린
미립자의 아픈 과거를 찾아 나선다

솔밭 정원

해풍을 거르고
웃음만 실어 보냈던
굽은 해송은 사라지고 없어도

기억의 더께들은
덕지덕지 모래알 속에서
하나씩 튀어 오르면서 말한다

인생 백 리를 걸어도
해풍이 멈춰버린 그 자리엔
떠나간 이도 멈춘 이도 없다고

지나간 발자국이
가을 태풍에 사라지더라도
모래밭에 묻힌 기억은 남을 거라고

회색빛 아침

장방형의 커튼이
차르르 레일을 타고

이국의 여명을
슬그머니 끌어오는데

오렌지색 가로등이
얼룩져가는 바다 위로

너울을 타고 넘는
호수 같은 항구의 아침에

비가 내린다
회색빛 아침이 흠뻑 젖도록

스틱커피

이름도 가지가지
취향도 가지가지
입맛도 가지가지

담거있는 정만큼
날씬한 스틱커피
도르르 쏟아내면

뜨거운 마음으로
채워진 찻잔 속을
두 손으로 감싸고

너만이 기억하는
가벼운 시간들을
풀어낸 스틱커피

흑과 백

내 편이 되면
허물도 꽃잎이 되고

헤진 누더기도
비단 금침으로 보이지만

세상을 보라
흑과 백, 둘뿐인 것을

옳고 그름이 아니라
내 편이 아니면 모두가 적

현실

언제나 그러하듯
시소에 매달릴 때면

가볍게 스르륵
한쪽으로 기울어 섰는데

어느 날인가
반대쪽으로 기울고 있다

점점 무너져가는
현실의 유연함 속에서

삶이 느끼는
해악의 꼭두각시가 되어

부딪힘에 멍든
보이지 않는 상처를 덮고

한바탕 웃음으로
빈 운동장을 채우고 말았다

살려면.......

손으로 뭉개버린
태산 같은 무게가 고스란히
가슴을 짓누르며 파고들지라도
단단한 바윗돌처럼 꿇어앉지 마라

갑자기 쏟아지는
우박 같은 빗줄기를
바람이 이끌어 올지라도
돌아서거나 고개 숙이지 마라

지독한 서러움이
부레 없는 아가리 속으로
거품처럼 밀려들어 오더라도
서럽다고 울지 말고 내뱉지 마라

도마 위를 춤추는
칼날의 겁 없는 질주로
피 튀기는 생사의 귀로에 서더라도
동공에 남겨진 기억들은 말하지 마라

살려면......

홀로서기

넘어지면
많이 아플 거라고
미리 겁주지 마라
이미 심장은 쫄깃 할 만큼
긴장하고 초조하다

징검다리를 두드리며
수면에 비친 내 모습에
내가 놀라고 있으니
미리 겁주지 마라
아플 만큼 아파 봤으니

비바람 폭우 속으로
무작정 걸어가는 이는 없어
내가 걸어온 길이
누군가와 비슷할 순 있지만
똑같을 순 없잖아

걸어온 만큼의 거리는
가늠할 수 있어도
앞으로 가야 할 거리는

가늠할 수가 없기에
외로워도 혼자 가야 해

그러니까
홀로 서려는 나에게
미리 겁주지 마라
나는 네가 될 수 없고
너는 내가 될 수 없으니까

현충일

기억합니다.

이 땅을 지키기 위해
하나밖에 없는 목숨을
내놓았음을……

그 땅 위에서
우리가 살고 있음을……

제3부
뜨락에 내린 햇살

그곳에서

그대가 오시는 길목에서
나는 기다릴 테요

홀연히
떠나갈지라도

마음이 머문자리
이팝꽃 피어날테니

핏빛같은 삶도
걸러내고 남은 흰빛으로

길손 따라 흘러가는
바람 같은 그대를 기다릴 테요

시간이 흘러도

별빛을 이끌고
흘러가는 밤하늘 끝에
하루만큼의 그리움을 담아 보낸다

먼 훗날 언젠가
다시 펼쳐져도
오늘의 사랑이 게 있을 테니

단단해진 껍질처럼
여전히 살아 있을테니

영원할 줄 알았습니다

서대문 박물관 빨간 벽돌처럼
단단할 줄 알았습니다.
살아있는 박물관은 흔들림 없이
영원할 줄 알았습니다.

봄 햇살에 만물이 소생하듯
봄비는 계속 내릴 줄 알았습니다.
한여름 내리쬐는 폭염에도
노거수 그늘은 영원할 줄 알았습니다.

황금 들녘에 고개 숙인 알곡들은
풍년을 약속했기에
가을 태풍에 맥없이 쓰러질 줄
아무도 몰랐습니다.

엄동설한 길 잃은 바람이 불어와도
쓰러진 노거수의 알몸으로 태워낸
잉걸불의 따뜻한 미소는
꺼지지 않는 불씨로 영원할 것입니다.

잊으리

그대를 보내고
돌아서는 빗속에서
네온은 휘청거리다 말고

좁은 골목으로
밤을 이끌어 재우고
흔들리는 어깨에 기대어

이제는 잊어야
영원히 잊어야 한다고
사랑은 슬픈 노래와 같다며

목각 인형처럼
손 때 묻은 추억일랑
지울 수가 없기에 잊으라 하네

주점에서

빈자리
홀로 덩그러니 앉아
애타게 기다리고 있었구나

첫 잔은
목 넘김이 좋아야 해
그래야 기분이 좋아지니까

갈증은
목마름이 부른 유희고
야화가 피는 짜릿한 희열이지

빈 잔은
눈치 보지 말고 채워줘
잔이 외로우면 나도 외로우니까

네가 보고 싶어지면

네 미소가
연기처럼 피어오르고

네 목소리가
메아리처럼 들려올 때

하늘을 보면
눈물이 먼저 나오더라

가을바람은
낙엽을 이끌고 가지만

그리움은 말야
꺼지지 않는 불씨로 남아

작은 바람에도
볼 빨간 얼굴을 내밀잖아

그때마다 문득
네가 보고 싶어지면은

불씨를 찾아
빈 풀무질이라도 해 봐야지

가버린 시간

당신의 얼굴이
동심원처럼 선명해질 때면

그리움은 흐르다 말고
촛농처럼 굳어져 가는데

짙은 어둠 속에서
우연처럼 들려오는 노랫말

시간은 가고 없는데
여전히 들리는 당신의 소리

이별

떨어진 낙엽은
한순간에 으스러지고

영문을 모르는
바람은 너를 싣고 떠나는데

갈 곳 잃은 둥지는
식어가는 찻잔 속에 잠기고

굳게 닫힌 창가에
수 없는 두드림만 남아 있다

미련

그대 곁에 머물 수 있다면
가지 끝에 홀로 남겨진
마지막 잎새라도 좋다

때로
풀벌레 날갯짓에도
한껏 움츠려야 할지라도

흐트러진 구름의 비밀
붉은 노을이 남긴 이야기를
그대 창에 담아 주리라

미련 · 2

빛바랜 사진에서
흐릿해진 아픔을 찾아도
되돌아갈 수 없는 시간처럼

재회할 수 없는
빈 들을 홀로 걸어가도
마음 걸어둘 빈터가 없듯이

달빛에 숨어있는
퍼즐 같은 네 모습은
어둠 속에서 뜰채로 하나씩

조각난 그리움을
미련의 파장으로 가두고
떨어진 별빛은 시냇물에 숨기자

미련 · 3

왜

왔냐고
묻지 마라

스치는 바람에
길 잃은 낙엽처럼
바람 따라 흘러왔을 뿐이니

미련 · 4

너!

기대
하지 마라

추억 찾아
그리움 찾아
보고파서 온 것은 더욱 아니니

두절

오고 가는 길마다
딱딱한 맨손으로 뒤엎으며

느슨한 소맷자락 묶어
고갯마루에 올랐거늘

왜 그랬을까
으스러져라 버티고 누운 채

엉켜버린 삶이라며
녹슨 나사는 돌아서지 않았다

응어리

매듭으로 엮어낸
마디마디 꺾어진 상처는

깜깜한 미로 속에서
쇠똥구리처럼 뒹굴다 말고

차돌처럼 단단하게
식어가는 시간을 기다릴 뿐이지만

굳어버린 응어리는
겹겹이 얼어붙은 빙하보다 더 단단해지고 있다

타향살이

가고 싶다고 간 것도
오고 싶다고 온 것도 아닌 것을

삶의 방향에 외롭게 선 사람들아

나선 곳에 홀로 남겨진 삶
두 눈에 눈물만 고이고 있으니

그대 왜 왔는지 물어보지 마세요

위태롭게 내디딘 발자국
아로새겨진 아픈 상처들로 인해

선로처럼 팽팽하게 버티고 서서

평행선을 긋고 있기에
찾아가더라도 외면하지 않기를

나의 고향은

누군가 고향이
어디냐고 물어 온다면

나의 고향은
바다라고 말하고 싶었다

한 줌으로 잡을 수 없는
몽글몽글한 기억

눈을 감을 때마다
끼리 룩끼리 룩 들려오는 소리

그 속 깊은 이야기를 다 꺼내지 못하는 것은
파도가 먼저 달려 나올까봐

하얀 포말부터
부서져 내릴까봐

나의 고향은 바다라는 말
삼켜버리고 맙니다.

추억이 잠든 집

가파른 고갯길 따라
버찌가 붉게 익어갈 때면
추억이 물든 그 집으로 가고 싶다

완행버스를 타고
덜컹거리는 비포장길로
뿌옇게 흙먼지 날리며 가고 싶다

붓꽃과 나리꽃
백합이 넓은 마당에서
해송을 넘은 솔바람 따라 놀던 집

고택은 사라지고
잔돌만이 남아 있어도
추억이 잠든 그 집으로 가고 싶다

지워지지 않는 아픔

결코 지울 수 없는
아픔을 풀어낼 수 없기에
심장 속에 고이 접어 두었다

먼 길 떠나가는 날
타성에 젖어버린 이성이
심장을 몰래 꺼내 볼까 두려워

화려할 것도 추악할 것도
자랑할 것도 감춰야 할 것도
아니란 걸 알기에 묻어 두었다

고뇌의 시간 속에서
아픔으로 채웠던 기억들은
다시 풀어헤치는 일은 없어야 할 테니

그리움

보고 싶은데
그냥 보고 싶은데

듣고 싶은데
그냥 듣고 싶은데

보이지 않는
네 모습이 그리워

애달퍼 붙잡아도
메아리조차 사라지고

문틈 사이로
휘파람 소리만 들려온다

어머니

자그마한 체구
물결 같은 파마머리
오밀조밀 고왔던 얼굴
지워지는 세월이 아쉽다

접질린 발목에
치자 반죽 발라놓고
보자기로 옭아매었던
그 시절이 지워지고 있다

마루 끝에 서서
해 돋는 바다를 바라보며
양쪽 귓불을 잡아당기며
목젖 거둬주소 하시던 기도

땅거미가 내려앉은
해 질 녘 거리에 서서
지워지고 있는 기억을 찾아
두 눈에 흐르는 어머니를 불러본다

아버지

네모난 흑백사진
무심한 아버지의 모습 위로
연신 눈물이 떨어졌다
눈물 닦을 때마다 또렷한 아버지의 눈길

다시 돌아올수 없는
그 먼길을 가시면서 말이 없었다
부서진 방패연을
고쳐달라고 떼를 써도 답이 없었다

삭풍으로 비틀거리는
상여와 만장을 무심히 따를 때
冬至의 가슴마다
울컥거리는 눈물로 채워야했다

얼어붙은 외나무다리
살얼음을 깨는 젖은 발목돌
잡힌 손목이 아프다며 보채며
돌아오지 않는 아버지를 보냈습니다

제4부

무채색의 물결

짝사랑

편히 볼 수 있다고
소홀하지 말아 주세요

흔히 볼 수 있다고
외면하지 말아 주세요

허락은 소중치 않아요
비록 엇갈린 운명일지라도

당신을 보고 있으면
언제나 미소가 흐르니까요

자존심

어느새
무너져 버린 벽

끝내
지켜내지 못한 선

아픔을
내어 주고만 삶

오롯이
짊어지고 가는 몫

그래도
버리지 못한 자존심

딱지

사라질 수는 있어도
잊어질 수는 없을 거라며

아파하지 말라는
이해하기 어려운 이유로

눈물을 닦아주던
손길은 사라지고 없는데

딱지는 아물어도
상처는 지워지지 않는다

보고 싶다

푸른 하늘에 너를 담고

푸른 바다에 너를 담고

내 마음속에 너를 담아

금빛 모래 위에 그린다

부서진 파도에 지워지고

설령 바람에 지워지더라도

보고 싶은 너를 그린다

또 다른 나

그대는 지금
어디로 가고 있나요

태양을 등지고
홀로 걸어가고 있나요

불러도 대답 없는
또 다른 나는 곁에 있나요

데칼코마니 같은
분신이지만 말할 수 없어요

그대를 지켜준
수많은 빛이 사라질 때면

아마도 아마도
그대의 다른 나도 사라지겠죠

마음은 주는 것

사랑! 참 좋아
나만의 네가 곁에 있어서

거침없이 주고
아낌없이 내줄 수 있어서

널 위한 거라며
가끔은 꺼내 볼 수도 있고

그래서 참 좋아
마음은 주는 것이라고 했지

네가 참 좋아

세상에서
가장 듣고 싶고
가장 하고 싶은 말

난, 너만
있으면 돼!
오직 너만 사랑할 거니까

소원과 꿈은
간절한 너와 나의 몫이래
그래서 난, 네가 참 좋아

당신과 나

다리 하나 건너왔을 뿐인데
돌아가는 배가 없는 일방통행이라네

밉고 화나서 꼴도 보기 싫다며
친한 척, 착한 척하지 말라 했는데

배시시 웃으며 "미안해"라고 하는
저 밉상을 어찌해야 하나요

미워도 보고 좋아도 보고
물처럼 살아가는 게 동행의 미덕이라

딱히 뭐라고 이야기하기 어렵지만
저울에 올려놓으면 그저 거기서 거기인 것을

누구랄 것도 없이 얽히고설킨 실타래 같은 삶이라
하나씩 하나씩 매듭을 풀어가며 살아가는 거라지요

인생 참 어렵고, 뭐, 참 그렇고 그럽디다
부부라는 울타리가 촘촘해지고 단단해지는 시간들
이...

동백이 필 때면

당신이 보고파서
뜰 앞을 서성거리다 보면

담 넘어 동백이
잠들은 겨울나무 사이로
찬바람도 잊은 채
붉은 선혈을 머금고 서서

외로워도 참고
그리워도 참으라고 하네

동백이 필 때면
오시는 길 밝혀 놓겠다면서

바람을 붙잡고

석양이
휘파람 소리처럼
네 입술에서 떨리고

산정에
물들은 철쭉이
마른하늘을 담아내면은

허기진
낡은 가방 속에서
유성처럼 빛나는 너를 찾아

돌아선
바람을 붙잡고
지나온 길을 되묻고 있다

노안

살짝 찌푸린 미간
바로 볼 수 없는 하늘

탱자나무 가시처럼
내리쬐는 광선으로

물안개에 젖어버린
눈동자는 자갈밭을 헤매다

지나가는 바람에도
스르륵 문틈새로 흘러내린다

방심

방금 돌아섰는데
홀린 듯 사라지고 없다

지나 올 때 보고
아무렇지도 않게 비켜섰는데

어떻게 그래
네 몫이 아니란 걸 알면서

순간의 방심으로
와르르 하늘이 무너지고 있다

살다 보면

살다 보면 굴곡진
언덕을 넘어갈 때도

혹독한 아픔으로
눈물을 쏟아 낼 때도

서럽다고 몰래 숨어
입 틀어막고 울 때마저도

삶이란 출렁다리 위에서
흔들리는 중심을 잡아야 했다

그래도 살아 볼 만한
세상이라고 말하는 그림자 뒤로

죽은 자가 그토록 바라던
내일이 바로 오늘이라며

치열하게 후회 없이
한 줌 미련 남기지 말자고

짊어진 무게보다
내 생각이 더 무겁나며

으스러질 것 같은
포옹 속에 토해내는 짧은 넋두리

변명

알 수 없는 형틀에
영혼을 상실한 대답으로

띄엄띄엄 맞춰가며
무채색의 언어들로 채워놓고

머뭇거리다 놓쳐버린
일기장의 낯익은 줄거리처럼

어찌할 수 없었던 망각이
부끄러워 세월 탓이라 말했다

화해

엇갈린 감정은
겹겹이 쌓여만 가고

인연은 등대처럼
깜박이고 서 있는데

돌아서지 못한
이삭 같은 미련 때문에

숨겨진 나이테를 찾아
단단해진 껍질을 벗기고 있다

약속

고장 난 시계는
하루 두 번은 꼭 맞지

리듬이 흐트러져도
장단으로 표현할 수 있지

궤도를 이탈한 어둠 속에서
태연한 척할 수 있지

하지만 익숙함이 편해지는
어색함은 버려야 한다

돌아가야 할 시간
톱니바퀴처럼 어긋남 없는

그 시간으로
되돌려 놓아야 한다

삶이 존재하는 그곳으로
되돌려 놓아야 한다

친구야

네가 있기에
내가 갈 곳이 있다는걸

네가 있기에
기다릴 이유가 있다는걸

우리는 그렇게
서로에게 힘이 될 수 있다는걸

무언의 교감으로
마음을 읽을 수 있다는 걸 알기에

우리는 언제나
뒷모습에서도 웃음을 잃지 않는다

주전자

그대가 누구라도
허리 숙여 맞이하고

받아든 두 손으로
얻은 만큼 내어주며

때로는 따뜻함을
때로는 시원함을 품어

영혼의 목마름을
속 깊은 이야기로 쏟아내리라

당신은

야생화 같은
질박한 미소 하나로

세찬 바람을 가르며
뚜벅뚜벅 함께 걸어준 당신

홀로선 뒷모습이
쓸쓸하다며 가슴마저 내어준

당신이라는 햇살은
거친 파고를 이겨낸 방향타였음을

웃음꽃이 피어납니다

왜 나만 보고 있냐고
눈을 흘기며 토라졌던 네가
눈을 감으면 곁에 있을 것 같아
나도 모르게 웃음꽃이 피어납니다

별빛이 내리는 골목길
깍지 낀 손끝으로 들리던 천둥소리
그리움이 밀려올 때면 네가 올 것 같아
나도 모르게 웃음꽃이 피어납니다

갈매기를 잡으려고
젖은 모래밭을 달려갈 때면
파도 소리보다 더 크게 웃어주던 너로 인해
나의 입가에 웃음꽃이 피어납니다

스물이 세 번 바뀐
골목길을 지나 바다에 서면
수평선을 가로질러 네가 올 것 같아
나의 입가에 웃음꽃이 피어납니다

● [평설]

시, 시인의 또 다른 자아

김 귀 희
(시인. 문학평론가. 문학박사)

1. 시와 시인

　시는 한 시인이 살면서 겪는 모든 영역에 대하여 자신만의 시선과 가치관에 의해 창조되는 것으로 시인이 겪는 모든 물상에 대한 느낌과 시적 대상과의 서정적 교감이 시어로 정제되어 나오는 것이다. 시의 원리이다.
　식물이 발아되어 자라면서 꽃이 되거나 나무가 되기도 하고, 아주 작은 자연현상이 어떤 단초에 의해 광풍이 되기도 하고 폭우가 되기도 하는 것처럼 한 편의 시가 이루어지는 과정도 그와 같다. 시적 배경이라고 하는 시인이 의식에 구축된 시적 세계에서 시인이 갖는 다양한 생각과 경험으로 한 편의 시를 구성한다. '언어'는 약속된 기호로 보여지는 명확한 가시적 결과물일지도 저마다 느낌이 다르듯이 한 편의 시

는 시인 자신만의 꽃이고 바람인 것이다

  황덕기 시인이 첫 시집을 낸다.
  육십여년 삶의 여정의 길목에서 시인의 대열에 들어섰고 등단한지 몇해 되지도 않았는데 그동안의 저장하고 있던 시편들을 묶어 내는 것이니 근면성과 역동성을 인정하지 않을 수 없다. 이는 자신이 선택한 길에서 머뭇거리지 않겠다는 의지의 증명이기도 하다. 일반적으로 한 시인의 초기시는 유년기의 기억과 고향과 가족 등 존재의 근원의식으로부터 발현되는데 황덕기 시인의 이번 시집도 크게 다르지 않다. 출발이 늦은만큼 수록된 대부분의 시편들을 통하여 드러나는 시간성은 시간의 조각들이 편린이 되어 여기저기 불쑥 불쑥 튀어 오르고 있다.
  때문에 시인에게 잠재되어 있는 시적 영감은 시간적 순서도 없고 공간적 경계도 없이 비슷한 기억이 연이어져서 때로는 중첩적으로 덧입혀 지고 때로는 본디 모습보다 다른 질량으로 분산되기도 한다. 시인의 내면에 자리하고 있는 시적 질료는 유년 보다 앞선 선험적 시간과 현재까지의 시간, 기시적 경험까지 겹겹의 요소들이 시편마다에서 동질적이거나 이질적인 현상을 보이기 때문에 황덕기 시인 자신만의 순차에 따른다.
  즉, 황덕기 시인이 늦게 시업의 길로 들어선 그만큼 삶의 다양한 면을 겪었으므로 첫 번째 시집임에도 시간적 개별성과 연속성, 경계의 해체와 합일이 양가적 모습으로 제시되고 있음을 발견할 수 있다. 수록된 시편들을 보면 황시인의 내면에 구축된 다양한 삶의 이야기, 혹은 시어로 재구성되는 삶의 다면성은 때로 원형적으로 튀어 오르기도 하고 때로는 풍상을 무화시키는 해학의 깊이를 보여주기도 한다.

2. '근원'의 시적 형상

인생에는 수많은 고통이 숨어 있다. 가벼운 고통은 고통이라고도 하지 않는다. 그냥 잠시 고약한 것을 밟았다고 치부한다. 우리가 일반적으로 고통이라고 이름을 붙이는 것은 엄청나게 삶을 할퀴고 감당하기 어려운 흔적을 남기고 떠나가는 것들을 일컫는다. 이것들은 아무 예고도 없이 갑자기 감당할 수 없는 무게로 우리의 일상을 뒤흔들어 놓고는 천연덕스레 떠나가버린다.

인생에서 그 여정의 시간에 따라 고통의 기억은 다양할 수밖에 없다. 그 중 사랑하는 사람을 잃는 것은 슬픔 중의 슬픔이다. 특히 어린 나이에 어머니를 잃는 것은 한 사람의 내면에 깊은 슬픔의 웅덩이가 생기는 것이다. 잊은 듯 하고 살다가도 불현 듯 퍼올려지는 눈물의 웅덩이가 크고 깊게 자리하는 것이다.

모정은

씨줄 날줄로

일생을 엮다가

무명꽃처럼 떨어지더이다
　　　　　　　　　　　　　　　　-「모정」전문

여인의 삶, 특히 어머니로서의 삶에는 색채가 없다. 이 땅에 '어머니'라는 지위는 여성으로서 갖는 최고의 위치를 의미한다. '어머니'는 어머니이기 전에 한 사람의 여성이며 인격을 갖춘 인간이다. 그러나 여성이 여성으로 인정 받은 지는 인류의 긴 역사를 되짚어 볼 때 그리 오래지 않다. 동서고금을 막론하고 여성은 인간 그 자체로 인정 받지 못하고 긴 세월 인격적으로 폄하된 삶을 살았다. 이는 오랫동안 세계를 지배한 남성 중심 사관 때문이다. 그러나 그런 남성중심적 사회에서도 '어머니'라는 이름이 갖는 지위와 그로 인해 파생되는 여러 가지 아우라는 절대적인 강세를 띤다.

예전엔 한 벌의 옷을 짓기 위해 목화에서 여러번의 공정을 거쳐 만든 실로 옷감을 만들었다. 그 과정이 오죽 수고로우면 옷을 그냥 '만든다' 하지 않고 '짓는다' 라고 했을까. 베틀에 씨줄, 날줄을 걸어놓고 옷감을 짜는 일은 여인들의 몫이었으며 이를 한번 시작하면 장시간 허리를 펴지 못하고 일을 해야 하는 것은 물론이며 밤잠을 설쳐야 하기도 하는 고된 작업이었다.

그러기에 이런 고통의 시간을 거쳐 한 벌용 옷감이 만들어지는 것처럼 가족과 자식들을 위해 어머니는 일생을 바쳐 가족들, 특히 자녀들의 삶을 위해 어려운 환경에서 이런 모양 저런 모양으로 생활을 엮어간다. 자녀들의 행복을 위해 자신을 희생하는 것이다.

시「모정」은 평생을 가족을 지키기 위해 기꺼이 고단함을 감수하는 어머니의 희생에 시선과 마음이 집중되어 있다. 이렇듯 색깔도 입혀지지 않고 이름없는 옷감처럼 만들어지고 희생만 하다가 이름없이 허무하게 '무명꽃'처럼 떨어진다. '무명꽃'이라는 꽃이 실지로 있지는 않다. 귀한 일에는 쓰임 받지 못하고 서민들의 옷이나 침구류 등에 쓰일 뿐인 '무명'이라는 옷감은 아무 색깔도 없고 투박하며 질기지도 않아 귀한 일에 쓰임받지는 못하였다.

이런 허망한 의미에 '꽃'이라는 단어가 붙어 있어 허망함의 의미가 역설적으로 강하게 다가온다.

'어머니' '모정' 이란 정서는 누구에게나 각별하지만 유년기에 아버지를, 소년기에는 어머니를 잃은 황덕기 시인에게는 애틋함의 척도가 남다를 것으로 예상된다. 어머니를 잃은 상실의 깊이를 속으로 다스리며 정제시켜 한 편의 시로 대변한다.

> 살얼음을 깨는 젖은 발목들
> 잡힌 손목이 아프다고 보채며
> 돌아오지 않는 아버지를 보냈습니다.

-「아버지」일부

시「아버지」는 어린나이에 아버지를 여의는 시인의 회상이 담겨있다. 시를 구성하는 '詩語'는 다양성을 띠고 있다. 잘 정제된 하나의 시어로 시적 분위기의 중심을 잡기도 하지만 때로는 다듬어지지 않은 질박한 표현이 시의 호소력을 높이기도 한다.

이제는 장년이 된 시인은 '아버지의 죽음'을 회상하며 기교 없이, 고해같이 한 편의 시를 내 놓는다 아무 색채도 입히지 않은 그날의 기억을 가슴에서 끄집어 낸다.

어머니로 인해 한 사람이 세워지지만 생명의 근원은 아버지이다. 그런 아버지의 생명의 불이 꺼졌다는 것은 사실 하늘이 무너지는 것과 같은 일이다. 그러므로 초상기간에는 죽음, 영원한 이별, 장례라는 그 엄중한 테마로 숨막히는 슬픔에 압도되기 마련이다. 그럼에도 불구하고 단지 '살얼음을 깨'며 '젖은 발목'과 '손목'의 아픔으로 아버지의 임종을 철부지 행위를 대비 시켜 실소가운데 허망함을 크게 부각시키고 있다.

아버지를 기억하면 떠오르는 '손목의 아픔'은 곧 아버지를 기억할 수 있는 마지막 통증이다. 그러므로 그날 손목의 아픔은 아버지를 기억하는 매개로 평생 시인에게 남을 것이다. 여기에는 부모님을 공경하는 한국적 사상의 원형과 기교없이 뱉어내는 언어의 정서적 원형이 있어 독자들과의 교감을 높이게 될 것이란 생각이다.

> 누군가 고향이
> 어디냐고 물어 온다면

나의 고향은
바다라고 말하고 싶었다

한 줌으로 잡을 수 없는
몽글몽글한 기억

눈을 감을 때마다
끼리 룩 끼릭 들려오는 소리

그 속깊은 이야기를 다 꺼내지 못하는 것은
파도가 먼저 달려 나올까봐

하얀 포말부터
부서져 내릴까봐

나의 고향은 바다라는 말
삼켜버리고 맙니다.

— 「나의 고향은」 전문

 고향과 어머니, 아버지는 근원을 의미하는 異音同意 이다. 또한 문학의 역할은 '위로'에 있으며 '고향'이라는 기재는 일부분 위로라는 어휘로 역할을 공유하여도 손색이 없다. 사실 고향이라고 해도 고향의 모든 시간이 모든 일이 모든 관계가 다 아름다울 수는 없다. 하지만 '고향'이 지닌 정서는 무엇이든 그리워지게 만드는 마력이 있다.
 시인에게 있어 「나의 고향은」 '속 깊은 이야기를' 품고 있는 바다이다. '바다' 라고 하면 크기와 깊이를 알 수 없고, 더 없이 잔잔하였다가도 느닷없는 폭풍이 되어 생명을 위협하는 두려움을 갖게 하는 의미로 제시하고 있다.
 하지만 '바다'가 고향인 시인에게는 훨씬 중량이 더한 심원의 또 다른 언어이다. 보이는 것 뿐 아니라 보이지 않는 것들과의 순간이 점철되어 있어 그냥 '바다'라고 소리내어지지 않는다. 그러므로 '바다'라는 객체적 언어는 시인 내면의 주체적 정서와 무게를 표현하는데 한계성을 띠고 있음을 의미한다.

'몽글몽글한 기억'이 넘치도록 담겨 있기에 단지 한마디 '바다'라고 던지듯이 말하는 것은 고향에 대한 경외감에 위배되는 일이다. 또한 '바다'가 근원인 사람들은 '끼리 룩 끼릭' 하는 소리를 눈을 감을 때 마다 듣는다. 잡다한 현실 속에서도 눈을 감으면 바로 빠져드는 고향, 휴식 혹은 위로의 다른 이름이다.

그래서 시인은 바다가 고향이라고 선뜻 말하지 못한다. 나만의 세계에서 홀로 정제되어 있는 그리움의 淨水인 바다가 잔잔히 부서지는 포말이 되어 버릴까봐, 그 아릿하고 가슴 저미는 고향이 바스러질까 조심스러워서 '바다'라고 말하지 않는다. 시인의 의도대로 시를 느끼려면 '언어의 맛'을 알아야 한다는 가람 이병기 선생의 주장을 적용하면 화자의 선부른 발화로 '고향' '바다'라는 언어의 맛이 진부해질 수 있기 때문이다.

여러 편의 시편 중에서 근원의식을 드러내는 세 편의 시를 선택하여 황덕기 시인의 내면에 구축되어 있는 근원성을 살펴 보았다.

누구나 그렇지만 '어머니' '고향'은 긴장된 삶에서 쉼터가 되고 재충전의 기재가 되는 것처럼 황덕기 시인도 이와 같이 '어머니'와 '아버지' 그리고 고향인 '바다'가 잠재된 내면이 곧 시인의 정서적 세계를 이루고 있는 근원임을 드러내고 있다. 견고하게 자신의 근원을 인식하고 있으며 그로부터 시작되는 사유는 방향성이 확실해진다. 관념이나 이상으로 형상되어지는 세계가 아니라 지극히 자연적이고 원초적인 형질로 구성되어 있음을 보여준다.

그리고 이런 의식의 표출은 애잔하여도 존재에 대하여 확실한 힘이 되어 그의 내면을 채우고 있음을 엿보게 한다.

3. 언어로 이루는 해학

　인생을 두고 '공수래 공수거'라고 한다. 인생은 '빈 손으로 왔다가 빈 손으로 간다'는 가르침으로 다양하게 여러경우에 활용되고 있다. 살면서 과도한 욕심을 경계하라는 의미를 지니고 있다. 하지만 사실 '來'와 '去' 사이에는 한 사람의 일생이 담겨 있으므로 간단하지가 않다. '한 사람의 온다는 것은 / 어마어마 한 일'이라는 시가 있듯이 '來'와 '去' 사이의 인생 여정은 생각하는 주관자에 의해 주도적으로 이끌어지지 않으며 또한 복병과도 같은 수많은 굴곡을 거치게 된다. 그런 과정에서 인격은 형성되고 사건과 사물에 대한 가치와 인식이 정립된다.

　　그대가 누구라도
　　허리 숙여 맞이하고
　　받아든 두 손으로
　　얻은 만큼 내어주며
　　때로는 따뜻함을때로는 시원함을 품어

　　영혼의 목마름을
　　속 깊은 이야기로 쏟아내리라

　　　　　　　　　　　　　　　　　　　　　－「주전자」전문

　첫 연 '그대가 누구라도 / 허리 숙여 맞이하고 / 받아든 두 손으로 / 얻은 만큼 내어주며'는 주전자의 형상과 사용되는 모습의 평범한 정경이다.
　하지만 시인은 '주전자'를 의인화 하고 이에 사용되는 '주전자'의 모습은 시인의 의식이 형상화된 모습으로 이미지가 차용된다. 이런 시적 대상의 의인화는 시적세계, 시적 대상의 자아화라는 시의 본질에 기인한다.
　'주전자'의 형태는 실용적이고 기능적인 요구에 의해 변형을 거듭하며 만들어졌지만 황덕기 시 '주전자'는 주전자의 형태와 사용하는 자세의 중첩된 의미가 화자의 심리적 이미지를 투영하고 있다.

'그대가 누구라도' '허리 숙여 맞'는 다는 것은 꼭 좋은 상대만 맞겠다는 즉 좋은 사람과만 마주하겠다는 것이 아니다. 신분과 연령과 지위에 따라 각자 관계가 다르기 때문에 '나아가' 거나 '물러서' 가거나 간에 '허리 숙여 맞'는 공경의 자세를 보이겠다는 의지이기도 하다.

'茶不求精而壺亦不燥 酒不求洌而樽亦不空 차를 좋은 것만 구하지 않으면 차 주전자는 마르는 일이 없고 술을 향기로운 것만 구하지 않으면 술통 또한 비는 일이 없다'는 채근담의 가르침처럼 무엇이든, 어떤 상대든 여유롭게 대응할 유연성을 보이고 있다.

주전자를 통하여 형상화되는 시적 화자의 이런 자세는 세상살이에서 체득한 관용과 철학이 만들어내는 해학이다.

고장 난 시계는
하루 두 번은 꼭 맞지

ㅡㅡ

궤도를 이탈한 어둠 속에서
태연한 척할 수 있지

― 「약속」 일부

지킬 수 있는 것도
내어줄 수도 없는 여백에서
꽃잎은 어찌 저리도
선홍빛으로 물들어 버렸을까

― 「꽃바람」 일부

황덕기 시인의 해학을 보여주는 몇 편 중 시 「약속」과 「꽃바람」를 인용한다. 한 편의 시를 완성하는데 있어서 시인의 눈에 들어오거나 마음에 담긴 시적 단초는 깊은 사유 속에서 '시'를 세우고 시어를 선별한 다음 청자에게 자신이 만든 새로운 창조물을 제시한다. 그런 의미에서 시인은 어떤 심적 상태에서 자신만의 시각으로 제재를 다룬다. 생각해보면 위의 예시 「약속」의 내용은 이미 누구나 알고 있는 사실이다. 이런 보편적인 언어로 일상의 한 단면을 집어 올려 '시'라고 하는 옷을 입히는 것이 시인이 갖는 창조성이다. 즉 진리는 늘 우리 곁에 가까이 있다. 누구나 쉽게 발견하고 느낄 수 있다. 다만 그것을 대부분 흘려보내지만 시인은 자신의 영역에 넣어 두었다가 자신만의 느낌으로 육화시켜 필요할 때 꺼내면 그 간단한 단어는 한편의 시를 이루어 가는 시어가 되고 너무도 잘 알고 있는 현상에 대한 시각을 정립하여 줌으로 해서 음악의 페르마타처럼 느낌의 강조가 되기도 하고 잠시 정지하고 숨을 고르는 역할을 감당하게 된다.

이처럼 시적 창조의 의미는 시의 상관물이 갖는 현재의 모습보다 더 큰 의미를 부여하는 작업이 될 수 있다.

　　울고 싶을 때
　　실컷 울어도 돼

　　세상을 뒤집어 놓아도 돼

　　빈 집
　　남겨두고 가느라
　　무너지는 억장만큼
　　크게 울어도 돼

－「매미」일부

매미의 울음이 형상화되진 않고 역설적 이면을 보여주는

데 매미의 울음을 분하고 원통함의 토로라고 주장하고 있다.

 매미가 제 철을 맞아 한참 울어댈 때는 바로 옆 사람과 대화도 어려울 때가 있다. 그래서 인간의 입장에서 매미 울음소리는 시끄럽고 생활의 방해가 되는 측면이 크게 부각된다. 하지만 황덕기 시인은 매미의 입장에서 울음의 의미를 찾는다. 매미의 일생을 선지식으로 하여 그 울음소리의 강도가 억울함의 정도를 나타내는 것이라는 생각을 중심으로 잡고 시의 정서를 이루어간다. 이런 뒤집어 보기의 발상으로 시의 개성을 드러낸다

 우리는 새의 소리를 운다라고 하지만 서양에서는 노래한다라고 한다. 이 '운다'라고 새의 소리를 정의하는데는 우리 민족성이 담겨있다. 우리, 한민족이 겪으면서 우리 사회에 형성된 정서, 대체적으로 우리를 恨의 민족이라 하는 것처럼 사물을 보고 또는 어느 현상에 대해 그 속성을 정리할 때 우리는 역사적으로 수많은 부침과 역경 때문에 '슬픔'과 '애환'에 먼저 비중을 두어 왔기 때문이다.

 그러면서도 그 중 중요한 것은 매미를 향하여 '실컷 울어'라 든지 '세상을 뒤집어 놓아도' 될 만큼 울어도 된다는 화자의 외침은 곧 황덕기 시인 자신의 심정이 투영되었음을 간과할 수 없다. 이 땅에서 살면서 일개 개인으로서도 그렇고 가장으로서도 그렇고 이루어지는 모든 관계망 마다 나름의 애증이 쌓이는 것이다. 그런 시인 자신의 애환을 매미의 삶에 투영시키고 있으며 때로 시인도 '세상을 뒤집어 놓'고 싶을 만큼 삶의 의미에 대한 고뇌와 맞부딪쳐 부수고 싶을 만큼 울분이 터진 적이 있었음을 유추하는 것은 어렵지 않다. 그래서 '매미'의 울음에 무게를 두는 시인은 '매미'와 '매미의 울음이라는 지극히 보편적인 것을 통하여 세상과 갈등하고 화합하는 변증법적으로 관계를 정립하는 해학을 보여준다.

 인용한 시 「주전자」「약속」「꽃바람」「매미」에서 황덕기 시

인의 삶의 철학 즉 해학을 찾아보았다. '시는 자기 이외에서 찾은 저의 생명이며 자기에게서 찾은 저 아닌 것의 혼적'이라고 한 조지훈 선생의 시론처럼 위의 시편들에서 발견해 낼 수 있는 해학은 곧 황덕기 시인 삶을 유지하는 생명력이다. 대상을 자기화하고 자기를 대상화하는 것의 사고의 교차에서 유연해지는 인생에 대한 자세, 자신을 객관화에서 이루어내는 해학이 곧 황덕기 시인의 삶을 이끌어가는 동력이 된다.

4. 나가며

수록된 시편들을 보면서 황덕기 시인이 이끄는 대로 질박하고 꾸밈없는 그의 시적 세계를 접할 수 있다. 그의 시는 유년기의 기억부터 시작하여 현재에 이르기까지의 기록이고 심정의 토로이다.

언어로 내면의 세계를 형상화한다는 것은 자기 긍정의 일면이다. 시를 통하여 존재의 의미를 감성적으로 정립하는 것은 부단한 자기정화의 길이기 때문이다. 위에서 보듯이 황덕기 시인의 내적 세계는 꾸밈없이 자기 긍정의 여정을 보여주고 있으며 시를 통하여 자신의 삶과 생동력있는 친밀도를 지향하고 있음을 알 수 있다. 시를 대하는 자세의 진솔함에서 자신이 위로받고 이는 또 나아가 이웃을 위로하는 이타적 자세를 견지하게 되기도 한다. 황덕기 시는 시인에게 존재의 근원에 대해 고찰하여 삶의 위로를 찾고 또한 옛것을 보존하는 정서적 지침을 보여주면서 나아가 육십여년의 삶에서 얻게 된 수많은 고난도 정제하는 도구이다.

시를 쓴다는 것은 어렵지 않지만 쉽지도 않다는 양가성을 띤다. 진솔하게 자신을 쏟아낸다는 명제는 당연하지만 단순한 토로에 그치지 않고 인생을 통찰하는 함의를 지녀야 한다. 이런 긴장감을 유지하면서 자신의 내적 세계를 형상화하여 드러낸다는 것은 쉽지 않다. 시와 세계라는 끝없는 길항의 관계에 있는 황덕기 시인의 길에는 시와 함께 함으로써 자신과 타인의 아픔과 혼돈을 치유하게 될 공존의 길이 펼쳐질 것이라 생각된다.

서울詩壇 시선 267

별처럼 파도처럼

초판인쇄 2025년 7월 1일
초판발행 2025년 7월 15일

지 은 이 황 덕 기
발 행 처 문예운동사
등   록 2007년 11월 21일 제2007-000052호
주   소 서울시 서대문구 서소문로27 (충정리시온) 423호
전   화 (02) 312-5817
전   송 (02) 363-5816
이 메 일 skj907@hanmail.net / skj908@hanmail.net
홈페이지 http://cafe.daum.net/munyaeundong

책 값은 뒷표지에 있습니다.
저자와의 협약에 의해 인지는 생략합니다.

ISBN 978-89-5879-366-3
이 도서의 국립중앙도서관 출판예정 도서목록(CIP)은 서지정보 유통지원 시스템홈페이지(https://seoji.nl.go.kr)와 국가자료 공동목록 시스템(https://www.nl.go.kr/kolisnet)에서 이용하실 수 있습니다.